AF232306

Essais Politiques

LA

BRUTALITÉ DU NOMBRE

ÉTUDE SUR

LE SUFFRAGE UNIVERSEL

PAR

H. LE JANNIC DE KERVIZAL

(Comte DU BRIEUX)

Fais ce que dois, advienne que pourra.

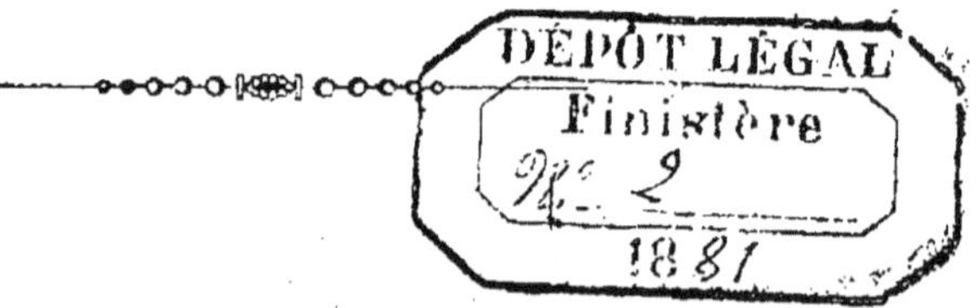

BREST

Imprimerie L. ÉVAIN-ROGER, rue Saint-Yves, 32

DÉCEMBRE 1880

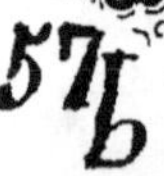

LA
BRUTALITÉ DU NOMBRE

ÉTUDE SUR

LE SUFFRAGE UNIVERSEL

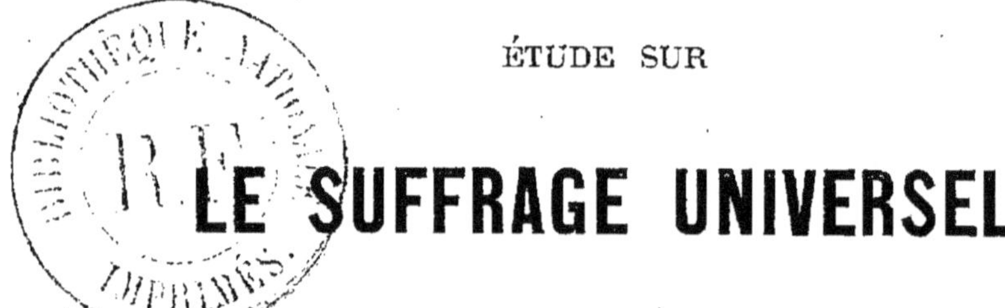

PAR

H. LE JANNIC DE KERVIZAL

(Comte du BRIEUX)

Fais ce que dois, advienne que pourra.

BREST

Imprimerie L. ÉVAIN - ROGER, rue Saint-Yves, 32

DÉCEMBRE 1880

AVANT-PROPOS

Encore une brochure ! Rassurez-vous lecteur, vous pouvez la lire, quelle que soit votre nuance politique, puisque la question que je vais traiter appartient à tous les régimes, sans en excepter la monarchie traditionnelle, si jamais l'heure bénie que vous attendez la rend à vos vœux ; car il n'y a plus d'illusions à se faire, le suffrage universel briserait toute volonté qui voudrait s'élever au-dessus de la sienne. J'essaierai de le démontrer.

Pourquoi m'arrêterai-je devant quelques critiques ? Je dois même reconnaître que chez la plupart de mes adversaires politiques, j'ai toujours rencontré cette courtoisie de bon goût et de bonne éducation, qui aide et apprend aux hommes à se supporter et à vivre en bonne intelligence, malgré la diversité de leurs opinions. Au surplus, je répondrai en temps utile aux objections que m'ont values mes premières productions.

Je le ferai dans une profession de Foi « *coram populo* » à la manière des premiers chrétiens qui, au lieu de s'épancher dans le mystère d'un confessionnal, étalaient les secrets de leur conscience en pleine basilique devant les fidèles assemblés.

Si un reproche m'a surtout péniblement affecté, c'est qu'on ait pu croire que je ne pensais pas ce que j'écrivais. Quel homme serais-je donc ! si dans des questions aussi sérieuses, j'avais l'impudence, pour mieux mentir aux autres, de mentir à moi-même ? Non, l'art de déguiser ma pensée n'a pas encore atteint chez moi ce degré d'habileté. Ma plume la trace telle que je la conçois, et, dût-elle plaire ou déplaire, je ne la travestirai pas. Certes, je n'ai pas la folle prétention d'être infaillible ni parfait ; je puis me tromper et regretter de n'être pas de l'avis de ceux qui me lisent ; mais, du moins, ce sera toujours de la meilleure foi du monde, et non par machiavélisme.

Quel intérêt aurais-je à ne pas m'exprimer franchement ? Je ne songe ni à caresser le lion populaire ni à flatter les puissants du jour ; et si aux déshérités de la terre je me garde de promettre, comme tant de marchands d'orviétans politiques, une panacée à toutes leurs misères, tout en désirant les alléger ; de même aux classes dirigeantes, dussé-je leur déplaire, je n'hésiterai jamais à signaler les progrès ou les concessions que je croirai utiles, pour conjurer les périls inévitables qui résultent toujours d'un excès d'ostracisme. Non, pour avoir ma part des fêtes mondaines, je n'abdiquerai pas mon droit de parler librement, et je ne laisserai pas inachevée l'œuvre que j'ai commencée.

Après avoir analysé, dans mes trois premières brochures, les éléments qui composent notre organisation sociale, il me reste, cela est évident, à faire connaître la base sur laquelle repose notre Constitution ; en un mot, à mesurer la force, si c'est possible, et à étudier la qualité du grand ressort qui imprime le mouvement à notre machine gouvernementale. Mon travail comprendra d'abord la discussion théorique, puis après l'application pratique.

Voici donc venir le souverain du jour, le suffrage universel que l'on maudit ou que l'on invoque selon les besoins de la cause et du moment. Cette question est palpitante d'actualité, à l'instant où surgissent les débats sur le scrutin de liste ; et mon manuscrit déjà ancien, aurait dû être livré aux presses plus tôt. N'en accusez que mon insouciance ; que voulez-vous, l'ambition me tourmente tellement qu'elle me laisse à peine le temps de me lancer dans le grand steeple-chase des coureurs de popularité.

Vite, bien vite donc, ma quatrième brochure pour compléter les idées que j'ai émises dans les trois premières, afin que réunies, elles forment un ensemble qui montrera comment j'entends la vraie République ; non pas celle qui doit finir dans l'imbécilité ou le sang ; mais la seule République française, compatible avec nos goûts et nos instincts raffinés ; celle en un mot, dont à grands traits je vous aurai esquissé l'image, portant au front une auréole de noblesse et de grandeur à faire pâlir les vieilles couronnes dynastiques.

Un des chefs les plus autorisés du parti légitimiste a prononcé, dans un de ses discours, au banquet de Rennes, si j'ai bonne souvenance, les paroles suivantes, bonnes à méditer.

« Je n'admets que deux principes politiques : la Monarchie » ou la République.

» Certes, l'idée républicaine offre par plus d'un côté des » aspects séduisants, et répond à plus d'une aspiration du cœur » et de l'esprit français ; je dirai même breton. »

L'orateur aurait dû dire : « et surtout breton ; » car aucun régime ne s'allie mieux avec l'indépendance de notre caractère ; et, à tous ceux qui portent le deuil de la Monarchie, il ne reste que la République.

J'ai déjà démontré ailleurs que toutes les catégories sociales

y trouvaient leur place, et qu'il fallait réagir contre cet antago-
nisme fâcheux, qu'on suscite comme un ferment de division
entre les classes; lorsqu'au contraire toutes s'enchaînent par
des devoirs réciproques qui devraient les rapprocher ; car,
pour établir une comparaison, au lieu de ces castes si difficiles
à franchir jadis et superposées comme des cercles s'élevant
jusqu'au cycle d'une couronne ; il ne reste aujourd'hui qu'une
spirale immense, avec liberté entière pour chacun de la
parcourir, en partant même de la base, et d'arriver par des
efforts de travail et d'intelligence jusqu'au sommet, où toutes
les aristocraties, telles qu'on doit les comprendre à l'époque
actuelle se donnent rendez-vous, pour former un foyer de
science et de lumières, d'où doivent rayonner et retomber sur
la masse entière, sur la Démocratie, toutes les idées saines et
justes, en un mot, la Vérité !

LA BRUTALITÉ DU NOMBRE

ÉTUDE SUR

LE SUFFRAGE UNIVERSEL

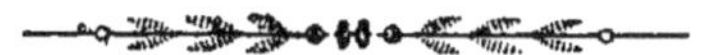

Les chiffres, dit-on, ont une éloquence brutale. C'est qu'en effet il s'en dégage toujours des solutions d'une vérité mathématique contre laquelle tous les artifices du raisonnement ne peuvent rien. Un nombre ne souffre pas de discussion ; il faut le prendre tel qu'il est ; c'est un argument vraiment brutal, et qui fait Loi.

Aujourd'hui, la Loi n'a pas d'autre origine ; elle émane du suffrage universel, c'est-à-dire du nombre ; et de là toutes les doléances des doctrinaires du vieux parlementarisme d'être livrés, comme ils le disent, à la merci, à la brutalité du nombre. Aussi, la préoccupation constante des habiles serait de soustraire la direction générale des affaires politiques à l'influence du Suffrage universel, pour la remettre exclusivement, comme par le passé, aux mains des classes dirigeantes ; c'est-à-dire d'un groupe d'électeurs choisis, triés et privilégiés, ayant mission de légiférer, bien entendu dans le sens de leurs intérêts personnels, ce qui implique la qualité substituée à la quantité, autrement dit le suffrage universel supprimé et remplacé par un système électoral restreint.

Pour arriver à ce résultat, on met tout en œuvre pour inspirer l'horreur du suffrage universel, ce pelé, ce galeux de qui nous vient tout le mal ; système odieux et absurde, qui assure le succès aux gens tarés soutenus par la lie et la canaille ; mécanisme ridicule et idiot qui fausse les rouages délicats de la machine parlementaire ; masse brutale et ignorante qui prime le droit, l'intelligence, la naissance, la fortune ; base essentiellement mouvante et capricieuse, sur laquelle il est impossible d'établir aucun ordre régulier, aucun édifice durable qui puisse supporter ce fameux couronnement dont la pensée excite sans cesse, comme un mirage qu'ils ne peuvent atteindre, la convoitise des conservateurs !

Ah ! il est vraiment grand temps qu'on le supprime, ou du moins qu'on le mutile, sans quoi nous courrons aux abîmes !

Tel est, en substance, le résumé des récriminations qui s'élèvent contre ce mode électoral.

Il est certain que la perfection n'est pas de ce monde, et qu'aucune institution, sans en excepter le suffrage universel, n'est irréprochable. Mais enfin, nous avons vu, l'Histoire à la main, cet âge d'or où le peuple n'était qu'une multitude se reposant du souci de ses intérêts sur la sagesse et l'habileté de certaines classes dirigeantes, et je ne sache pas qu'il ait été plus heureux ni mieux gouverné. Comparez le bien-être général actuel à celui d'autrefois ; je laisse parler La Bruyère et Sévigné.

Par moments même, nos affaires se trouvaient dans le plus piteux état ; et pour le prouver, il ne faudrait pas remonter bien haut.

Nous allons donc examiner et étudier cette lutte entre le suffrage universel, c'est-à-dire la quantité, le nombre brutal d'une part ; et d'autre part la qualité, autrement dit les classes éclairées, instruites, à juste raison appelées dirigeantes, et actuellement inconsolables d'être noyées dans la masse ignorante du suffrage universel. Nous verrons si ces plaintes sont réellement fondées et si notre système électoral est aussi mauvais qu'on le prétend ; et si la campagne qu'on mène contre lui, à grand tapage, n'a pas pour mobile l'égoïsme, cette lèpre de notre époque.

Parlons d'abord au point de vue théorique. Vous êtes noyés dites-vous, dans le nombre, dans la multitude ! C'est vrai. Mais ce nombre, vous le travaillez, vous l'agitez, vous le dirigez pour en dégager une opinion qui n'est autre que la vôtre. Pour se rendre compte de cette élaboration, rappelons-nous que toute société est un assemblage d'individualités, d'unités qui, prises isolément, ont chacune leur opinion, leur énergie, avec le droit indéniable de la manifester, de la discuter. Ces unités de valeurs évidemment différentes quant à l'instruction, l'éducation et l'initiative, se groupent suivant la similitude de leurs tendances et la conformité de leurs vues, autour de personnalités marquantes, pour former un groupe, un nombre, produit de l'ascendant qu'exerce l'individu de mérite dans le milieu qui l'entoure, en dépit souvent des résistances qu'il rencontre dans ce même milieu, travaillé avec la même activité par des antagonistes d'égale valeur.

De tous ces courants d'opinions qui traversent et agitent en tous sens cette matière vivante qui s'appelle un peuple, lui communiquant l'intelligence, le mouvement ; de toutes ces rivalités, de toutes ces luttes intérieures, de tous ces systèmes combattus et défendus de part et d'autre avec talent et conviction par les unités dirigeantes et agissant comme autant d'effluves magnétiques ; ne se dégage-t-il pas, en se plaçant à un point de vue élevé au-dessus de tout esprit de secte ou de parti, une opinion dominante, une idée supérieure, un phémonène de direction générale, soit qu'il s'agisse dans l'ordre naturel de la polarité, soit dans l'ordre social, politique ou religieux, de cette marche constante de l'Humanité vers cet autre pôle qui s'appelle la conscience, la vérité ! Puisqu'ainsi que la définissait si justement un orateur chrétien dans une de ses conférences il y a bien peu de temps, « la conscience n'est que le point supérieur » de l'évolution des vérités humaines. » (P. Didon.)

Certes, çà et là surgissent bien des conflits, éclatent bien des révolutions ; mais la loi générale qui préside au mouvement de la civilisation n'en est ni moins immuable ni moins constante.

Ainsi, prenez une à une, et n'importe dans quel domaine de notre intelligence, toutes les idées qui ont pris racine comme des plantes dans la conscience humaine. Vous les voyez à leur naissance faibles et persécutées ; puis, si elles sont étayées sur la justice, grandir et s'élever par le prosélytisme jusqu'à la domination, pour céder la place à une vérité nouvelle ; tomber après dans la décroissance et finir par s'éteindre dans l'indifférence ou les préjugés.

C'est le cours naturel des choses d'ici-bas. Tant que l'idée rayonne on ne peut dire jusqu'où s'étendra son action ; mais dès qu'elle a atteint son maximum de propagande et qu'au lieu de monter encore, la désertion commence dans les rangs de ses adeptes ; il n'est pas téméraire d'affirmer que cette doctrine sociale, politique ou religieuse, a fait son temps, et qu'elle est condamnée à périr pour faire place à un nouveau système.

Comme exemple, en nous appuyant sur ces considérations, cherchons à découvrir, dans notre histoire si féconde en enseignements et sans quitter le terrain politique, si une idée nouvelle, un sentiment nouveau, n'aurait pas surgi en face du principe monarchique et héréditaire.

En effet, **à** moins d'une obstination aveugle, on aperçoit constamment à travers toutes les luttes et les agitations des générations passées, les efforts des classes déshéritées pour secouer le joug qui pesait sur elles, et pour se faire jour vers l'émancipation. C'était la pensée démocratique se dressant en regard du pouvoir traditionnel et irresponsable, et parvenant dans un effort suprême, il n'y a pas cent ans, à briser les entraves du système féodal. De cet effondrement de la vieille société française s'est dégagé le sentiment de la souveraineté populaire ; en un mot la pensée républicaine, en germe depuis des siècles, mais jusqu'alors comprimée, et qui va devenir désormais l'idée fixe vers laquelle doivent converger toutes les aspirations et les espérances de notre grande nation.

Quoique blessée mortellement dans sa chûte, la Monarchie n'a pas encore entièrement abdiqué ; à différentes reprises elle s'est relevée, trois restaurations l'attestent ; par tous les moyens possibles elle a essayé de comprimer et d'étouffer sa rivale, l'idée républicaine ; et bientôt tous les débris, toutes les forces coalisées des partis vaincus, se préparent aux prochaines élections générales à lui livrer un combat suprême.

Pour augurer de l'issue de la lutte nous n'avons qu'à nous

demander si la Répubiique, actuellement victorieuse, se trouve dans le pays en voie de progrès ou de décroissance.

Les scrutins de ces dernières années se chargent de répondre pour nous, et l'ensemble de leur verdict nous rassure contre toutes les intransigeances d'où qu'elles viennent ; car, dans notre pays, le bon sens aura toujours le dernier mot.

Mais, si le vent souffle à la République, à qui la faute ? Au suffrage universel, à cette vile multitude incapable de jugement et d'intelligence politique, et qui n'apporte dans la mêlée électorale que l'appoint de sa force numérique et brutale.

Examinons le rôle que joue cette force numérique et aveugle, en un mot ce nombre, dans les élections.

Le suffrage universel dans son ensemble est en effet, comme je l'ai déjà dit, un nombre, un assemblage d'unités, disposant chacune il est vrai d'une certaine force matérielle, brutale ; mais possédant en outre des affinités et des répulsions qui ne peuvent être attribuées, quelle que soit l'ignorance de l'individu, qu'à un acte de volonté déterminé chez lui par l'intérêt de sa conservation, fondée sur des principes de justice et de moralité, dont l'ensemble constitue la raison et la probité d'une nation, de l'humanité toute entière si nous élargissons le cercle ; et il est évident que la quantité de bien qui résulte ici-bas de cette tendance de l'individu, doit l'emporter sur la quantité de mal, autrement Dieu aurait fait une œuvre mauvaise, ce qui est inadmissible.

Chacune donc de ces unités est entraînée par l'instinct d'une destinée meilleure vers une personnalité protectrice et d'un degré supérieur ; mais dans ce mouvement l'individu ne cède qu'à une idée dominante , à une conviction qui a d'abord subjugué son cœur et son intelligence ; et ce n'est qu'une fois l'être moral gagné à une cause, qu'il lui apporte l'appoint de son courage, de sa force brutale, qui se multiplie en raison de l'importance numérique de chaque groupe, dont le plus fort arrive à imposer sa volonté aux autres, à faire en un mot la Loi, par le droit incontesté des majorités ; c'est-à-dire de l'idée dominante appuyée sur le nombre, sur la force numérique, et qui fait que quand tout le monde a même tort, tout le monde à raison, je veux dire impose sa loi jusqu'à ce que la minorité devienne à son tour majorité.

Ne dites pas pour cela que la force prime le droit ; jamais la matière n'asservira l'intelligence, elle n'en est que le véhicule ; et si du choc de deux masses jaillit une idée injuste ou fausse, soyez persuadés que son triomphe n'aura qu'un temps. Que serait devenue la civilisation dans le chaos féodal, si, à cette époque de barbarie, l'autorité morale de la papauté n'avait pas dominé de son ascendant la tyrannie de la force brutale et matérielle ? N'a-t-il pas suffi de cet ascendant, à un pontife faible et désarmé, pour arrêter Attila et ses hordes ?

Non, la matière ne dominera jamais l'esprit ; et ce n'est que par la culture de l'intelligence que les nations de l'Antiquité brillèrent d'un si vif éclat. — Sans remonter aussi loin, aujourd'hui même, dans nos parlements composés de l'élite de la classe dirigeante et où on devrait accuser aussi la brutalité du nombre, ne voyons-nous pas la majorité se former sous l'influence d'une idée dominante ? Pour constituer cette majorité et grouper les unités, il a fallu s'adresser d'abord à leur jugement, à leur cœur. Ce n'est pas, en effet, parce que l'on dispose d'une certaine force physique qu'on se rallie à tel ou tel système ; mais bien parce qu'il répond mieux à nos aspirations ; et ce n'est qu'une fois la conviction entrée dans nos âmes, que nous lui apportons le secours de nos bras.

Il est donc faux de dire que le monde est à la merci de la force brutale. Non, il a été livré à la discussion des hommes, à l'énergie de leur volonté, à la sagacité de leur intelligence, à la rectitude de leur jugement, à la grandeur morale de leur mission.

Il ne faudrait pourtant pas conclure de ce qui précède que l'idée dominante est toujours la plus juste. Evidemment non ; mais tant qu'elle rallie la majorité elle fait loi, jusqu'à ce que la majorité, devenue minorité, cède la place à une majorité nouvelle, dont les idées répondent mieux aux besoins des temps et des circonstances ; et c'est ce changement continuel, cette agitation permanente, propre partage des choses humaines, comme l'a dit Bossuet, qui constitue le mouvement de l'opinion publique et marque les étapes de l'humanité dans la voie du progrès.

Le grand problème, c'est de contenir ce mouvement dans un jeu régulier d'institutions. Vouloir l'arrêter, pure folie ! On peut en suspendre momentanément le cours ; mais après, comme un fleuve qui rompt ses digues, il n'en devient que plus rapide et plus dangereux. Arrière donc les gouvernements de combat, les mains de fer qui, sous prétexte de salut public, n'ont jamais fait que préparer des réactions violentes !

Nous allons maintenant passer du domaine de la théorie à l'application pratique du suffrage universel.

D'abord, peut-on le supprimer ? Non, car même avant son

existence légale, officielle, le suffrage universel a toujours existé à l'état d'opinion publique.

En effet, on peut bien supprimer l'électeur et le renvoyer à ses moutons ou à son usine ; mais on n'aura pas pour cela supprimé l'individu. En lui enlevant ses droits politiques on ne lui aura fermé ni la bouche ni les yeux. Il verra comment les classes dirigeantes gouvernent, et, quelque pression que l'on exerce, il se fera entendre d'une façon ou d'une autre, ainsi qu'on l'a vu maintes fois. Jadis, avant le suffrage universel, quand certaines catégories privilégiées se mêlaient seules des affaires publiques, tenant les autres à l'écart, on ne pouvait guère régler légalement les désaccords entre les gouvernants et les gouvernés, ceux-ci n'ayant aucun droit politique.

Les administrés n'ayant pas, comme aujourd'hui, la ressource du bulletin de vote pour signifier leur desideratum, devaient dissimuler leur mécontement ; puis, la situation devenant de plus en plus tendue, le peuple passait des murmures à la colère, qu'il exhalait dans des révoltes sanglantes. Croyez bien que la barricade n'est pas une invention de notre siècle, elle date de loin ; lisez l'histoire. C'est un vieux moyen peu parlementaire que nous ont valu les monarchies autoritaires, et que la République finira par supprimer, comme bien d'autres abus.

En effet, ces moyens violents et barbares de faire entendre raison au gouvernement deviennent inutiles et absurdes avec le suffrage universel, dont la suppression nous ramènerait fatalement à ces expédients dangereux.

A présent, du moins, lorsqu'une divergence se produit entre la majorité parlementaire et la nation, chacun prend patience,

certain qu'il possède dans son vote une arme bien autrement
efficace que le pavé des rues.

Mais la Commune ? dira-t-on. La Commune, justement, n'a
été que la négation du suffrage universel, puisqu'elle s'insur-
geait contre lui, en méconnaissant l'autorité d'une Assemblée,
dont les pouvoirs émanaient de ce suffrage. C'est dans cette
origine que le gouvernement légal a puisé sa force pour résister
victorieusement aux factieux. Grâce au bon sens de la nation,
qui a vite saisi cette vérité, ni l'ordre ni le calme n'ont été
troublés sur l'ensemble du territoire, et la lutte s'est trouvée
circonscrite au foyer même de l'émeute.

Ne vaut-il pas cent fois mieux laisser agir au grand jour
l'opinion publique, que de la tenir à l'écart et vouloir la con-
traindre pour que, n'ayant plus comme point de repère une
Assemblée qui la résume et la concentre toute entière, elle se
manifeste ensuite par des guerres civiles et à coups de barri-
cades ?

Qu'y a-t-il donc de si mauvais et de si absurde dans une
institution qui permet de régler paisiblement, par voie de scrutin,
les dissidences entre le pays et le gouvernement ?

A chaque instant, on entend dire que la masse électorale est
ignorante et que l'égalité devant l'urne est une absurdité. A cela
on peut répondre d'abord qu'il n'est pas indispensable d'avoir
des manières de petit maître ni la science d'Aristote pour être
un parfait honnête homme et savoir reconnaître un candidat
estimable et honorable et lui accorder sa confiance et sa voix,
que les braves gens se rencontrent dans toutes les conditions
sociales, de même que dans toutes aussi se rencontrent des
hommes peu estimables, dont les moins dangereux ne sont pas

ceux de la bohême élégante, qui, sous des apparences brillantes, trompent plus aisément leurs semblables.

Quant à l'égalité devant l'urne, c'est une objection peu sérieuse de la part d'un homme vraiment intelligent. La valeur personnelle fait beaucoup en cette matière. En raison de ses mérites et de son influence, tout homme devient forcément le centre d'un groupe qui lui fait cortège au scrutin.

Objecterez-vous que vous ne faites pas de propagande ? En vérité, faut-il vous apprendre, comme à monsieur Jourdain, qui faisait de la prose sans le savoir, que, sans vous en douter, vous exercez autour de vous une propagande réelle ? que pas un de vos actes ne reste sans commentaires, que pas une de vos paroles n'est perdue, que rien ne s'égare dans la masse électorale, où toutes les idées, recueillies, analysées et colportées en tout sens, concourent à former une opinion dominante ; plus vous êtes élevé, plus donc vous attirez de regards et, de l'examen général dont vous êtes l'objet, résulte à votre insu une propagande sérieuse pour ou contre votre opinion. Si donc on vous néglige pour un homme de condition plus modeste, ne vous en prenez qu'à vous-même ; descendez au fond de votre conscience, et vous y trouverez peut-être les motifs secrets de votre infériorité, dont il ne tiendra qu'à vous de supprimer la cause pour reprendre votre ascendant.

Puis vient le reproche de la corruption. Trop souvent, hélas ! nous assistons dans les élections à des manœuvres coupables, bien faites pour affliger le cœur de tout citoyen honnête. Là, où on ne devrait agir que par la persuasion et n'obtenir les suffrages que par l'ascendant moral, nous voyons malheureusement les classes « dirigeantes » elles les premières, encourager la corruption, en faisant appel aux passions les plus cupides, et en mettant au service de leur cause les procédés scandaleux de la vénalité et de l'intimidation.

Qui donc paie les rastels ; qui répand les largesses ? Qui donc enseigne à la foule à faire litière, pour un peu d'argent ou quelques verres d'eau-de-vie, des plus beaux attributs d'une âme vraiment patriote ? Toutes ces prodigalités ne sortent-elles pas le plus souvent de la classe dirigeante ?

Vous reprochez à la multitude son ignorance, et vous spéculez sur cette ignorance pour la corrompre et l'aviilr !

Le devoir des hommes éclairés et honnêtes, c'est au contraire d'instruire et de moraliser les masses, afin de les amener à voter dans la plénitude de leur indépendance et de leur dignité. Il n'y a qu'un remède pour couper court au scandale de pareilles coutumes. Il faut que l'exemple vienne d'en haut, et que les classes dirigeantes se moralisent les premières. Voilà le vrai et unique moyen de développer dans la foule les mâles vertus qui rendent les peuples honnêtes et libres ; et, c'est le lieu de répéter ici avec Fénélon, « que le peuple n'a d'autre loi que l'exemple » des grands, de ceux qui commandent et dirigent, et dont la » vie se reproduit pour ainsi dire, dans le public. »

Certains esprits ont pensé qu'en établissant le suffrage à deux degrés, on pourrait mieux le soustraire à la corruption. Je ne crois pas à l'efficacité de ce procédé ; on élèverait simplement la corruption d'un degré ; elle serait plus raffinée, voilà tout ; comme cela s'est déjà vu sous le régime censitaire. Au lieu des rastels et des petits verres, on aurait les places, les bureaux, les recettes, les dignités, les faveurs de toutes espèces. D'ailleurs, en réalité, le suffrage à deux degrés existe, et dans de meilleures conditions que s'il était parqué dans deux catégories distinctes d'électeurs, dont la première pourrait être privée de capacités réelles, par les intrigues de la seconde ; tandis que dans l'état actuel, quiconque a une valeur reconnue, prend forcément sa place dans la classe dirigeante, qui peut être considérée comme une première catégorie d'électeurs choisis, et dans laquelle l'homme qui y a pris rang par son mérite personnel et ne relevant que de lui-même, peut agir avec une autorité morale plus grande sur la foule qui forme comme la seconde catégorie.

Faut-il maintenant juger l'institution du suffrage universel par ses résultats ? Sont-ils aussi mauvais qu'on le prétend ? Voyez, s'écrient en chœur les pessimistes, combien dans les villes, l'élément modéré et raisonnable est débordé par l'élément exalté !

La règle n'est pas encore aussi générale qu'on veut bien le dire, et je l'accorde pour quelques centres très-populeux. La cité est une grande agglomération d'individus vivant en contact permanent dans une discussion sans trêve, et il doit arriver nécessairement que, sous le feu des passions et des convoitises, la matière étectorale s'enflamme davantage et dégage une intensité d'énergie et d'impatience plus grande que dans les campagnes, où l'individu, isolé, concentré en lui-même, retenu par les préjugés et les influences de clocher, se montre hostile à tout ce qui peut changer et troubler le train ordinaire d'une existence, qui s'écoule doucement et machinalement dans une sorte de somnolence et d'habitudes routinières. C'est la sagesse de l'enfant qui dort ; et que d'efforts ne faut-il pas pour réveiller et entraîner souvent malgré lui l'homme des champs dans la voie des améliorations et du progrès, lors même qu'il s'agit de son intérêt personnel.

Pour vaincre une pareille obstination, ce n'est pas trop de l'élan des villes, et comme les campagnes sont plus peuplées ; il s'ensuit que cet élan, cet emportement de la cité, qui effraie tant les conservateurs timides, se trouve ralenti dans une proportion notable par la résistance des campagnes.

Il semble ainsi que, dans l'ordre moral, on retrouve les mêmes lois que dans l'ordre physique, et qu'à chaque force, il a été donné un contre-poids, afin que dans les variations de l'opinion publique, régnât la même mesure, le même enchaînement que dans les révolutions de la nature.

C'est ainsi qu'en tenant compte de la statistique et de l'âge des électeurs, la fougue de la jeunesse rencontre également un contre-poids énergique dans l'esprit d'immobilité et de réaction de l'âge mûr et de la vieillesse.

Enfin, dit-on, le suffrage universel étant, de sa nature, un élément essentiellement changeant ; c'est misère et folie que de vouloir sur une pareille base établir un gouvernement stable.

On l'a comparé, avec raison, à un lac dont les eaux se perdent et se renouvellent sans cesse. A chaque instant des volontés meurent et sont remplacées par d'autres qui viennent rajeunir et modifier, au jour le jour, l'élément électoral ; de sorte que la représentation nationale n'étant elle-même qu'une synthèse, une image réduite du suffrage universel, certains esprits ont pensé qu'elle devait être comme lui permanente, en refléter constamment et fidèlement l'opinion, et pour cela se retremper partiellement, et à des périodes rapprochées, dans les eaux du suffrage, pour prévenir ainsi l'écart qui se produit fatalement entre l'opinion d'un pays et celle des parlements de trop longue durée et toujours enclins à se complaire dans leurs œuvres, sans se douter que l'opinion publique ne s'attarde pas, et que, bon gré malgré, elle poursuit sa marche.

Pour répondre à ce besoin incessant de changement dans la représentation nationale, à cette mobilité de l'opinion publique ; il faut absolument que l'axe, le pivot du gouvernement lui-même, soit soumis à la même loi et entraîné dans le mouvement général ; autrement, restant fixe, la base essentiellement mouvante se déroberait et la chute serait certaine.

Nous devons donc nous assimiler un système d'institutions, agissant dans les conditions d'un mouvement uniformément varié et ayant dans son ensemble, et malgré son irrégularité apparente, ses lois parfaitement déterminées, que la République peut seule nous assurer, étant donné le suffrage universel. (1)

Sans prétendre avoir réussi, j'ai essayé de démontrer que sa suppression offre plus de dangers que d'avantages réels ; que le mode actuel est encore préférable au suffrage à deux degrés qui existe, sinon officiellement, du moins moralement, et permet d'établir la supériorité du scrutin de liste, car plus la notoriété

---

(1) Mettant la durée moyenne de la vie de l'homme à 35 ans, et puisqu'il est électeur à sa majorité, il s'ensuit que la moyenne de la vie politique de l'homme est de 15 ans environ, c'est-à-dire que tous les 15 ans l'opinion politique change de base, et que, si elle se heurte à un pouvoir fixe et immuable, elle ne peut avancer sans briser l'obstacle. N'est-ce pas là le secret des révolutions auxquelles nous assistons depuis 80 ans et qui se traduisent tous les 15 ou 18 ans par des changements de gouvernements. N'arrivera-t-on pas un jour à dégager du suffrage universel des lois exactes et mathématiques, permettant de prévoir et de calculer ses variations ? Avis aux penseurs.

du candidat est grande, plus le niveau intellectuel des assemblées s'élève ; que l'égalité devant l'urne n'est qu'une fiction, car l'homme intelligent exerce son influence ; enfin, que la corruption est presque toujours mise en œuvre par ceux-là même qui s'en plaignent.

Laissons donc en paix ce pauvre suffrage universel ; il n'est ni aussi méchant ni aussi aveugle qu'on le prétend. Çà et là, il y a quelques bizarreries, d'accord ; mais l'ensemble ne donne pas des résultats aussi désastreux qu'on le dit ; pour s'en convaincre, il faudrait citer toutes les notabilités qui honorent nos assemblées. Il ne tient qu'à nous d'obtenir de plus grands avantages du suffrage universel, il faut pour cela le moraliser et répandre à flots l'instruction.

H. LE JANNIC DE KERVIZAL

Comte DU BRIEUX